Vente du 17 décembre 1894.

COLLECTION
FRÉDÉRIC LÉPINE

CATALOGUE

DES

MEUBLES, TABLEAUX

OBJETS D'ART ET D'ANTIQUITÉS

LIVRES, GRAVURES

COMPOSANT LA

COLLECTION DE FEU M. FRÉDÉRIC LÉPINE

Dont la vente aux enchères aura lieu à Dijon

RUE DE LA PRÉFECTURE, N° 43

Le lundi 17 Décembre 1894 et jours suivants, à une heure du soir.

Par le ministère de Mr **LAURENT**, commissaire-priseur,
assisté de M. **TAGINI**, expert
et de M. **MASSON**.

Exposition publique, le dimanche 16 décembre, de 1 heure à 4 heures du soir.

Exposition particulière, le samedi 15 décembre, de 9 heures à 11 heures du matin, et de 1 heure à 4 heures du soir.

On trouvera le catalogue à Dijon à l'Hôtel des ventes, rue des Godrans, 46, chez M. Tagini, expert, 1, rue de la Banque, et chez M. Masson, 18, rue Victor Dumay.

CONDITIONS DE LA VENTE

Elle sera faite expressément au comptant.

Les acquéreurs paieront cinq pour cent en sus du prix d'adjudication.

L'exposition mettant le public à même de se rendre compte de l'état des objets, il ne sera admis aucune réclamation une fois l'adjudication prononcée.

M. TAGINI, expert, 1, rue de la Banque, à Dijon, et M. MASSON, rue Victor-Dumay, 18, rempliront les commissions qu'on voudra bien leur confier.

DIJON. — IMPRIMERIE DARANTIERE

CATALOGUE

DE LA

COLLECTION DE FEU M. FRÉDÉRIC LÊPINE

MEUBLES, GLACES, HORLOGES, PENDULES, BOIS SCULPTÉS, ETC.

1. — Corps de crédence à deux portes, deux tiroirs et deux panneaux sculptés à ogives ajourées, xve siècle. — L. 1^{m}60 ; h. 1^{m}20.

2. — Un grand coffre, la face formée d'un seul panneau, sculptures, portiques à ogives, xve siècle (gothique flamboyant). — L. 1^{m}65 ; h. 0^{m}68.

3. — Une petite armoire à une porte ogivale, et armoiries des comtes de Châlons, frise ogivale ajourée, xve siècle. — H. 1^{m}30 ; l. 0^{m}75.

4. — Un coffre à deux portes, formé de quatre panneaux, sculptures ogivales, xve siècle. — L. 1^{m}20 ; h. 0^{m}78.

5. — Une petite armoire, porte sculptée, débris d'un grand panneau, sculpture allemande du xve siècle.

6. — Une petite armoire à une porte, St Sébastien, chêne sculpté, xve siècle.

7. — Un cabinet à deux portes ; orné de moulures guillochées en ébène, intérieur à 19 tiroirs entourés de guillochures et de 2 petites portes centrales, monté sur pieds colonnes torses, xviie siècle.

8. — Autre petit cabinet ébène à bijoux, à 10 tiroirs, ornés de moulures, surmonté d'une statuette bronze, xviie siècle.

9. — Un cabinet bois noir à 2 portes, moulures guillochées, sur une table à 4 pieds torses, xviie siècle.

10. — Petit cabinet en bois noir, orné de cuivres et de guillochures, xviie siècle.

11. — Une encoignure, quart de rond, à une porte et étagère haute, en bois de poirier, xviiie siècle.

12. — Un socle, de forme hexagonale, couvert d'ornements en relief pâte ciselée et dorée ; époque Louis XIV.

13. — Une paire de petites consoles appliques, bois sculpté et doré rocaille, xviiie siècle.

14. — Une glace à biseaux, cadre bois sculpté et doré, xviie siècle. — H. 0m80 ; l. 0m70.

15. — Petit miroir de toilette bois sculpté, xviie siècle.

16. — Beau bureau plat, bois noir, garni de bronzes époque Louis XIV, commencement du xviiie siècle. — Long. 1m65 ; l. 0m80.

17. — Une table à entre-jambes et traverses bois de noyer tourné, forme balustre, xviie siècle.

18. — Petite table à 4 pieds torses avec tiroir. — H. 0m72 ; l. 0m65.

19. — Deux chaises Louis XIII, dos à trois traverses plates.

20. — Deux chaises Louis XIII, dossier à fuseaux tournés.

21. — Quatre chaises lombardes, noyer sculpté, fin du xve s.

22. — Une chaise Louis XIII, noyer fuseaux tournés.

23. — Chaise cannée, dessus arrondi Louis XVI.

24. — Meuble de salon, composé de 1 canapé à 2 places, 6 fauteuils, 4 chaises à fronton, noyer sculpté, rosaces, perles et feuilles d'acanthe, époque Louis XVI, d'un lit à baldaquin richement sculpté, bois de noyer peint en gris.
Provient de la succession du célèbre Beaumarchais.

25. — Une bergère, un tabouret peint, époque Louis XVI.
Ancien mobilier de Beaumarchais.

26. — Une horloge de cuisine à poids, du xviie siècle.

27. — Une pendule, marqueterie, cuivre et écaille, forme droite, xviie siècle.

28. — Une pendule à console, marqueterie de Boule, forme cintrée, xviie siècle. — Haut. 1m20.

29. — Petit porte-montre Louis XIV en bois sculpté et doré avec sa montre, boîtier en cuivre ciselé.

30. — Pendule en biscuit de Sèvres, « Enfant éduquant un chien », fin du xviiie siècle.

31. — Un grand régulateur Lépine, dans une vitrine.

32. — Jeu de tric-trac, bois noir, xvɪɪᵉ siècle.
33. — Agneau Pascal, bois sculpté, reposant sur un antiphonaire, xvᵉ siècle.
34. — Petit reliquaire Louis XIV bois sculpté et doré, xvɪɪᵉ siècle.
35. — Niche et statuette « Vierge et enfant Jésus, » travail français, xvɪɪᵉ siècle.
36. — Petite statuette « Enfant » bois sculpté peint et doré, commencement du xvɪɪᵉ siècle.
37. — Deux têtes de bois sculpté renaissance française.
38. — Deux cosaques du Don, bois sculpté et peint.
39. — Une tête sommet d'instrument de musique xvɪɪᵉ siècle.
40. — Deux statuettes en bois mousquetaires, travail français xvɪɪɪᵉ siècle.
41. — Un grand Aigle surmontant une draperie au chiffre de Napoléon Iᵉʳ.
   Provenant d'une vente de divers objets hors de service, magasins de l'Hôtel de ville de Dijon.
42. — Un harmoninum de Debain.
43. — Un petit établi d'horloger et ciseleur, nombreux tiroirs remplis d'outils, ayant appartenu à l'inventeur Lépine.
44. — Petit guéridon bronze doré, dessus glace à damier.
45. — Un meuble en pitchepin à deux portes munies de glaces et tiroirs.
46. — Deux vitrines à deux portes, bois peint.
47. — Deux vitrines plates demi-rondes formant ensemble une table ronde vitrée.
48. — Une malle en forme de tombeau cerclée en fer.
49. — Cadre ovale, cartouche avec chutes de feuilles et de fleurs, noyer sculpté, xvɪɪɪᵉ siècle.
50. — Une paire corne de cerfs (dix cors).
51. — Etagère porte-fusils, colonnettes, noyer tourné.

TABLEAUX

ECOLE FRANÇAISE (XV° siècle)

52. — Chorus de la Mère Folle de Dijon en 1482, trouvé dans la grande salle des Jacobins, peinture sur cuir.

ECOLE FRANÇAISE (XVII° siècle)

53. — Sainte Marguerite du Saint-Sacrement, cuivre, cadre bois sculpté et doré.
54. — Portrait de princesse du xvii° siècle, toile cadre ancien, bois sculpté et doré.
55. — Pierre Mignard (attribué à). Portrait de Mlle de Fontanges, cadre ancien, bois sculpté doré. — H. 0^m80, L. 0^m60.
56. — Mignard (d'après). Gouache sur parchemin. Louis XIV, et Mlle de La Vallière, xvii° siècle.
57. — Jean-Baptiste Monnoyer (dans le genre de), petite peinture, fleurs. — L. 0^m20, h. 0^m28.
58. — Saint Sébastien, peinture sur toile, bois sculpté, Louis XIV, ancien.
59. — Une tête d'homme dans un médaillon, cadre noir. Ecole française, xviii° siècle.
60. — Une tête dans un médaillon, cadre noir. Ecole française, xviii° siècle.

ECOLE FLAMANDE (XVII° siècle)

61. — Engelbrecht. Fête flamande, nombreux personnages, xvii° siècle, toile sans chassis.
62. — Ferdinand Bol. Portrait de femme en costume de deuil.
63. — Palamede (attribué à). Attaque d'un convoi, cadre ancien, bois sculpté et doré.
64. — Rubens (d'après). Portrait de femme, fraise et vêtement couvert de perles. Cadre ancien, bois sculpté doré. — H. 0^m48, L. 0^m40.
65. — Un buveur flamand, peinture sur bois, cadre ancien, bois sculpté et doré.

ECOLE ITALIENNE (XVII° siècle)

66. — Léonard de Vinci (d'après). Portrait de Mone-Lisa. Peinture sur marbre dans un beau cadre, bois sculpté doré époque Louis XIV.

ECOLE ITALIENNE (XVII° siècle)

67. — Une baigneuse, toile, cadre bois sculpté doré, Louis XIV.
68. — Louis de Tocqué, école française du XVIII° siècle. Les chanteurs; toile sans cadre. — H. 0,87; l. 0,82.
69. — Nattier (attribué à). Portrait de princesse en Diane chasseresse, cadre bois sculpté doré. — H. 0,95; l. 0,85.
70. — Peinture sur porcelaine, genre Boucher, dans un cadre ovale, bois sculpté doré, coquilles et chutes de fleurs, XVIII° siècle.

ECOLE FRANÇAISE (XVIII° siècle)

71. — 6 petites gouaches présentant divers ustensiles, tasses, vases de fleurs, flambeaux, etc., signés à gauche Lelong.
72. — Petit fronton, dessin à la plume allégorie.
73. — Une petite gouache, « saint Jean-Baptiste », cadre bois guilloché.
74. — Swébach (dans le goût de). Paysage et personnages.
75. — Lantara (attribué à). Petit paysage, peinture à l'huile sur parchemin.
76. — J.-B. Lallemant. Deux gouaches, paysages, personnages et ruines. Signé à droite : Lallemant.
77. — Adélaïde d'Orléans, abbesse de Chelles, gravure coloriée, XVIII° siècle, cadre bois sculpté doré.
78. — Petite gravure. Jeanne d'Arc collée sur verre peint, aux armes de Henri II.
79. — Dijon assiégé par les Suisses en 1513. Gravure au trait enluminée à la main, en trois planches réunies.
80. — Lots de gravures anciennes et modernes, dessins. Gravures en couleurs, caricatures. Louis XV, Louis XVI, de la République, l'Empire et de la Restauration.
81. — 9 aquarelles, types militaires, par le colonel Joly.
82. — Albums de photographies, d'après les tableaux du XVIII° siècle et portraits modernes.

83. — Boilly. Intérieur de la famille Lépine et Beaumarchais. H. 0,45; l. 0,586 (du mobilier ayant appartenu à Beaumarchais).

ÉCOLE FRANÇAISE (XIXᵉ siècle)

84. — Baron Gros. Portrait de Raguet-Lépine, pair de France.

85. — Van-Gorp. Portrait d'Alexandre Raguet-Lépine. Signé à droite.

86. — Louis David. Deux dessins, sujets mythologiques, crayon rehaussé d'encre de Chine et de crayon blanc. Très beaux dessins, cadres anciens bois sculpté et doré de l'époque.

87. { Louis David. Portrait de Mᵐᵉ Raguet-Lépine, en buste. Louis David. Portrait de P.-C. Raguet-Lépine, fils du célèbre horloger.

88. — Boucher (attribué à). Vénus et l'amour, toile dans un cadre ovale.

89. — Jacob Courtin (attribué à). Une gouache, gravée par Mousson, avec un quatrain. Cadre bois sculpté et doré.

90. — Challe (Natalis). Léda, dessus de porte. L. 1ᵐ; h. 0ᵐ80.

91. — Bénigne Gagnereaux. Petite levrette, peinture sur toile, cadre bois sculpté doré.

92. — Fortuné Guasco, ancien professeur à l'école des beaux-arts de Dijon. Paysanne corse, portant une corbeille, fond paysage.

93. — Clémentine Buchère, élève de Saint-Jean. Grande gouache, bouquet de fleurs dans un vase sur une table. Signé et daté 1829.

94. — Portrait de Saint François d'Assises, peinture gréco-russe du XVᵉ siècle.

95. — Deux petites peintures italiennes sur bois, fond d'or, bustes de femme, XVIᵉ siècle.

96. — Page de livre d'heures, XVIᵉ siècle. Saint Nicolas, dans un motif d'architecture, armoiries d'un évêque, cadre bois sculpté, doré.

97. — Le Primatice. Diane de Poitiers et Henri II enfant, dans un cadre d'argent au chiffre de Henri II, orné de 4 agates herborisées, monté dans un cadre glace étamé, genre Venise.

98. — Portrait de femme en buste peint sur cuivre, époque Louis XIII.

99. — Portrait du chancelier de Bellièvre, peinture sur bois, commencement du XVIIᵉ siècle.

100. — Miniature à l'huile sur cuivre. « La Belle Gabrielle », commencement du xvii° siècle.
101. — Rubens. Jésus et Saint Jean enfant; petite miniature sur cuivre; cadre en ivoire guilloché.
102. — Miniature sur ivoire, fond de boîte, par Klinstet, jeune femme à sa toilette.
103. — Une miniature à l'huile, sur bois, « Vierge à l'enfant Jésus », cadre rond.
104. — Portrait de femme, miniature à l'huile, xvii° siècle.
105. — Portrait d'homme, miniature sur ivoire, époque Louis XV.
106. — Portrait de jeune femme, peinture sur ivoire, petit cadre bois doré.
107. — Portrait de Caron de Beaumarchais, peint par Hall, miniature sur ivoire, cadre en cuivre doré.
108. — Portrait de Madeleine Lépine, sœur du célèbre Beaumarchais, petit cadre en cuivre ciselé, miniature sur ivoire, xviii° siècle.
109. — Petite miniature à l'huile, jeune fille tenant une colombe, xviii° siècle.
110. — Tête d'homme grisaille, par Mme Jaquotot.
111. — Portrait de femme sur ivoire, époque Empire, dans un petit médaillon cuivre doré.
112. — A. Jasset, 1791. Peinture sur ivoire; Bacchante. Signée et datée.
113. — Truchet, 1806. Portrait, buste de jeune femme, miniature sur ivoire. Signée et datée.
114. — Miniature sur ivoire : Jeune fille tenant un chat, fond de paysage, cadre cuivre doré, époque Empire.
115. — Portrait d'homme « capitaine de chasseurs à pied de de la garde impériale ».
116. — Bonaparte, consul, bas-relief ivoire sculpté dans un cadre ovale.

VITRAUX, ÉMAUX, IVOIRE, ETC.

117. — Un petit vitrail Saint Bernard, peint en grisaille, xve siècle.

118. { Saint Hugues, évêque, médaillon en grisaille, xve s.
 L'annonciation, médaillon peint en grisaille, xve siècle.

119. — Une armoirie, vitrail suisse du xviie siècle.

120. — Un vitrail fauconnier peint en couleur, xixe siècle.

121. — Plaque en émail de Sèvres avec devise de 1789.

122. — Deux petits émaux ovales, pastorales d'après Boucher, xviiie siècle.

123. — Un émail de Limoges, Saint Joseph tenant l'enfant Jésus, xvie siècle. H. 0^{m}12, l. 0^{m}08.

124. — Email, Saint Jean, grisaille teintée chair, de Jean Laudin, revers incolore, cadre ancien, bois sculpté et doré. Signé : I. L. H. 0^{m}13, l. 0^{m}10.

125. — Fragonard (d'après). L'Escarpolette, peinture sur émail. H. 0^{m}09, l. 0^{m}07.

126. — Un émail, pastorale genre Boucher.

127. — Encrier, émail de Perse, xviiie siècle.

128. — Moutardier, émail fond rose de Saxe, xviiie siècle.

129. — Petite plaque représentant l'adoration des Rois, travail français, commencement du xvie siècle.

130. — Christ en ivoire du xviie siècle.

131. — Petite statuette «Jésus enfant», ivoire du xviie siècle.

132. — Statuette bas-relief, ivoire, représentant la Longévité portant le fruit sacré, travail chinois du xviiie siècle.

133. — Petite statuette chinoise, tête d'animal, xviiie siècle.

134. — Deux plaques d'ivoire, bas-relief à figures, fond ajouré, décors de couleurs ; travail chinois du xviiie siècle.

135. — Main à gratter en ivoire, manche ébène.

136. — Flacon ivoire gravé représentant 2 bustes, Minerve, travail français du xviie siècle.

137. — Modèle de pessaire inventé par Mme Boursier, sage-femme de la Reine Marie de Médicis, xviie siècle.

138. — 3 poivriers en ivoire de forme variée, l'un muni d'une montre solaire.

139. — Petit poivrier en ivoire, avec des emblèmes d'amour.

140. — Lot d'objets variés en nacre, boîtes et sculptures.

141. — Insigne des gardes du commerce, ébène et ivoire, xviii° siècle.

142. — 3 peignes écaille à la Girafe.

ARMES

143. — 6 pièces fer, francisques, lances et épées scramasax mérovingiens.

144. — Une épée, poignée à grille, 3 branches, quillons recourbés, xvi° siècle.

145. — Epée, garde à branches recourbées, lame étroite à filets, xvi° siècle.

146. — Fragment d'épée de la Renaissance, xvi° siècle.

147. — Une gaine de poignard du xv° siècle, en fer ciselé et ajouré.

148. — Masse d'armes à huit ailerons, manche torse, xv° s.

149. — Autre masse d'armes à 6 ailerons pointus du xv° s.

150. — Epée de mousquetaire, xvii° siècle, fourreau cuir garni en fer.

151. — Sabre des grenadiers à cheval de la garde des Consuls, fourreau richement orné de cuivres ciselés et dorés.

152. — Sabre d'honneur poignée ciselée et dorée, feuilles de laurier, fourreau fer uni. Epoque Empire.

153. — Sabre de cavalerie garde à grille cuivre poli. Epoque Empire.

154. — Sabre d'infanterie, poignée cuivre ciselé doré, fourreau cuir noir.

155. — Sabre de cavalerie, poignée à grille, bronze doré. Epoque Empire.

156. — Un pistolet, monture garnie argent, Espagnol xviii° s.

157. — Un fer de lance ajourée, dessus de hampe de drapeau.

158. — Garniture de fourreau en acier ciselé, branches feuillages ajouré, xviii° siècle.

159. — Batterie de fusil à pierre en fer et cuivre ciselé, ornée de corail.

160. — Plaque de poire à poudre en fer repoussé et ciselé du xvi° siècle, « Mars ».

161. — Poire à poudre, corne garnie de cuivre.

162. — Garniture de fusil à pierre, époque Empire.

163. — Un petit poignard en fer lame gravée à l'acide, xix° s.

164. — Fourreau et lame triangulaire d'épée Louis XV et une poignée d'épée d'enfant également d'époque Louis XV.

165. — 7 pommeaux divers, fer ajouré et 2 autres p. cuivre à côtes, xviiie siècle.

166. — Deux pommeaux fer tourellés en torsade, xvie siècle.

167. — Un autre pommeau en fer forme couronne, xvie siècle. — Un grand pommeau en fer à pans coupés. — Un pommeau plat du xvie siècle.

168. — Une poignée de sabre cuivre, terminée par une tête d'aigle du Ier Empire.

169. — 1 petit poignard espagnol et son fourreau, garnis d'argent.

170. — 1 petit fourreau de poignard en fer damasquiné or, xvie siècle.

171. — Un Kandjar algérien, poignée cuivre et fourreau bas argent repoussé.

172. — Extrémité de fourreau en fer ciselé du xvie siècle.

173. — Epée d'adjoint au maire montée en argent.

174. — Amorçoir arabe en cuir gravé.

175. — Mors de cheval, une paire d'éperons en cuivre doré, travail arabe.

176. — Une plaque de pulvérin cuivre ciselé, représentant Jupiter.

177. — Plaque de pulvérin en bronze repoussé ciselé et émaillé représentant Henri II, travail français du xvie siècle.

178. — 2 plaques fer repoussé, trophée d'armes, casque, fusil, etc., xviiie siècle.

179. — 2 agrafes, ceinturon d'épée en acier, découpées à jour, xviiie siècle.

180. — Un support d'aigle de drapeau, portant le n° 23, cuivre doré du Ier Empire.

181. — 2 porte-plumets en cuivre doré, Ier Empire.

182. — Un étrier de dame en maroquin, travail oriental.

183. — Une plaque de ceinturon de l'an I de la République ; 2 plaques de giberne.

184. — 5 plaques de giberne ; 2 plaques abeilles, Empire ; 1 plaque petite giberne à l'aigle, Ier Empire ; 1 mors de cheval officier de cavalerie, Ier Empire ; 4 plaques à l'aigle impérial.

185. — 1 sabretache, 2 gibernes, une paire d'épaulettes et accessoires, argent fin et argent, fin du Ier et second Empire.

186. — Sabretache de chasseur à cheval de la garde impériale de 1810.

187. — 4 paires jugulaires de schako et une plaque de l'époque de l'Empire.

188. — Lot de 10 hausse-cols, Empire et Restauration ; 11 plaques de chapeau du 1er Empire ; 8 plaques de giberne Empire ; 10 plaques de schako Empire ; 6 plaques de ceinture.

189. — Fanion du 1er tirailleurs algériens.

190. — 1 lot de 8 molettes d'éperons, fer et bronzes de diverses époques.

191. — Une ceinture de couteau de chasse, brochée soie et or, xviiie siècle ; 3 paires éperons petites molettes.

192. — Darbouka, tambour arabe.

193. — Un débris d'armure.

COUTELLERIE

194. — 2 manches de couteaux en porcelaine de Chantilly, dessins en reliefs. 1 autre en cornaline blanche.

195. — 1 fourchette à 2 dents en fer, garnie en argent, manche en ivoire, lion accroupi. 1 fusil à affiler, manche en bronze ciselé.

196. — Couteau et fourchette, manche en ivoire sculpté, xviie siècle.

197. — 6 petits couteaux, lame droite, manche nacre, garnis argent.

198. — 1 grattoir, manche en ivoire terminé par un bout de corail monté or.

199. — Petite fourchette à 2 dents se repliant, manche écaille et argent ciselé, xviie siècle.

200. — 1 fourchette en fer, 4 dents, manche ivoire, lion tenant un écusson.

201. — 1 couteau et une cuillère, fer, manche écaille, garnis en fer terminé par un bouton allongé.

202. — 1 couteau, lame droite, manche cuivre ciselé doré, cariatide, xvie siècle. 1 autre, lame droite gravée, portée de musique, manche cuivre, cariatide.

203. — Couteau et fourchette 3 dents, manches agate, montés argent et gaine, couverte peau de poisson, garnie argent.

204. — 1 fourchette 2 dents, fer, manche bronze ciselé, tête de chimère.

205. — 1 fourchette à 2 dents et couteau, manche nacre et fer.

206. — 1 petit couteau manche porcelaine de Chantilly.

207. — Petit couteau et fourchette, manches ronds en argent.

208. — 1 couteau et un canif, manche fer, garni de nacre.

209. — 3 étuis en galuchat, contenant chacun un couteau xviiie siècle.

210. Deux paires de petits ciseaux à deux branches.

FERRONNERIE, SERRURERIE

210 *bis*. — Quatre petits instruments de chirurgie, de toilette, provenant de la trousse de Philippe le Bon.
    Ancienne collection Baudot.

211. — Un heurtoir en fer ciselé ajouré, représentant saint Paul, assis tenant un glaive, il repose sur une console formée de feuilles d'acanthe ajourées.
    Pièce très intéressante.

212. — 1 clef en fer, anneau à trèfle ajouré, avec inscription « Forsan ultima », cette clef s'ouvre en deux parties.

213. — Une clef italienne, xvie siècle, anneau ajouré.

214. — Une clef française, anneau ajouré, xve siècle.

215. — Deux autres clefs françaises, anneaux ajourés, xvie siècle.

216. — Un foncet, clef de serrure, chef-d'œuvre de maîtrise, xvie siècle.

217. — Lot de 4 clefs fer et bronze du xve siècle.

218. — 1 lot de 18 clefs en fer et bronze de diverses époques.
    Sera divisé.

219. — Un lot de 10 grosses clefs.

220. — 3 clefs fer ajouré, travail italien, xvie siècle.

221. — 2 clefs bronze, travail ajouré xive siècle.

222. — 3 clefs fer anneaux ajourés, travail français, xve et xvie siècles.

223. — Serrure et clef de coffre de mariage, fer ajouré, travail italien du xvıe siècle.
224. — Deux plaques, serrure de coffre, travail français du xve siècle.
225. — Grande serrure à 5 pannetons, travail allemand du xvııe siècle.
226. — Grande serrure de coffre à faces en relief avec chiffre découpé, travail allemand du xvııe siècle.
227. — Serrure de coffre gothique à 3 contreforts, xve siècle et un levier de loquet fer, forme coquille ciselée.
228. — Serrure de coffre à 3 pènes. Avec sa clef forée, losange.
229. — Serrure de coffre du xve siècle avec sa clef et un contrefort.
230. — Plaque de serrure de coffre, français, xve siècle.
231. — Serrure de maîtrise, travail français, xvııe siècle.
232. — Serrure de coffre, travail français du xvıe siècle.
233. — 1 loquet de couvent et sa clef, xve siècle.
234. — Plaque de loquet de couvent, xve siècle.
235. — Une plaque, serrure et sa clef, loquet de couvent.
236. — Une autre plaque de même époque, fer ciselé.
237. — Une plaque de verrou de couvent.
238. — Plaque de serrure, avec garniture fer ajouré, xve siècle.
239. — 2 ferrures de porte de crédence, fer ajouré du xve siècle.
240. — Petite serrure de coffre de mariage, fer ciselé, xve siècle.
241. — Grand dessus de coffre-fort, serrure à cinq pannetons, xvıe siècle.
242. — Plaque de serrure de coffre-fort du xvıe siècle.
243. — Petite serrure à plaque gravée en rinceaux, travail français du xvııe siècle.
244. — Serrure à moraillon pour coffret, en fer ciselé, xvıe siècle.
245. — Une plaque, entrée de serrure Louis XIII, cuivre ciselé.
246. — Grande serrure d'armoire Louis XIV, à trèfle et à S, double panneton.
247. — Une plaque de serrure, xvıe siècle, repoussée, gravée et ciselée.
248. — 3 instruments de chirurgie vétérinaire en fer, xvıe siècle.
249. — Petit crochet de châtelaine en fer ciselé (casque sur un fond doré), xvııe siècle.

250. — Une monture d'escarcelle en fer, xviie siècle.
251. — Un étui en fer à deux cachets, chiffre et figure.
252. — 3 gaines de ciseaux, 2 fers et bronzes dorés et ciselés.
253. — 2 petits marteaux en fer du xvie siècle.
254. — 1 marteau ornements gravés, 1 puisette, manche à torsades, fer.
255. — Grand compas en fer doré trouvé en 1804 à Gevrey, un perce-œillets en fer xviie siècle.
256. — 5 mouchettes fer de diverses époques.
257. — 1 pointe à tracer de Charpentier, anneau avec emblème ajouré.
258. — Moufles à 4 roulettes pour suspensions du xvie siècle.
259. — Une pince de gantier en fer.
260. — 2 entrées d'armoires allemandes du xviie siècle. 1 poignée bouton de porte tête mascaron.
270. — 7 cadenas en fer de formes variées, xvie siècle.
271. — Trousse de tonnelier, cuivre repoussé et ciselé, travail allemand du xviiie siècle.
272. — Grand aigle en fer repoussé et doré à la feuille du 1er Empire.

BRONZES

273. — Petit modèle de cloche portant une inscription : « Ave Maria ». Travail français du xve siècle.
274. — Petit mortier, 4 médaillons et contreforts, cuivre fondu du xvie siècle.
275. — 7 poids en plomb et cuivre aux armes de la ville de Dijon.
276. — 6 croisettes d'épée, fer et bronze de diverses époques, xve et xvie siècle.
277. — Petite fourchette à 3 dents extrémités vierge à l'enfant Jésus, bronze, xvie siècle.
278. — 8 grands sceaux en bronze xive? et xve siècles.?
279. — Six moyens et petits sceaux en bronze, xive et xve siècles.
280. — 1 lot de 4 plaques d'escarcelles.
281. — Une main et deux petites statuettes d'enfants.
282. — 1 flambeau cuivre poli, tige balustre, pied carré. Autre flambeau, tige balustre, pied rond, xvie siècle.

283. — Un manche d'instrument en bronze, animal fantastique, xve siècle.
284. — Petite agrafe en bronze, médaillons têtes.
285. — Un chandelier de cuivre du xve siècle.
286. — Un autre chandelier cuivre poli, Louis XIII.
287. — Grand plat cuivre repoussé, présentant au centre le raisin de la terre promise, cuivre repoussé du xvie siècle.
288. — 1 plat en étain tout uni, estampille de Daniel Dargent.
289. — Quatre anneaux mascaron cuivre ciselé, xvie siècle.
290. — Deux flammes de chenêts cuivre ciselé, xvie siècle.
291. — Un lot de 10 pièces d'ornements bronze ciselé, xviie siècle.
292. — 5 plaques (cavaliers). Ornements de coffre en cuivre, xviie siècle.
293. — Un bœuf et un lion bas-reliefs cuivre fondu ciselé, xviie siècle.
294. — Un lot de 5 porte-clefs à cariatides du xvie siècle.
295. — 3 petites statuettes bronze « Mars, Hercule et Chevalier au tournois ».
296. — Théière à robinet finement gravée, xviie siècle.
297. — Une petite cafetière en étain, forme orfèvrerie, torsades, anses en os sculpté, fin xviie siècle.
298. — Deux entrées de serrure, bronze, xviie siècle.
299. — 4 sabots de table, bronze fondu et ciselé, xviiie siècle, 6 poignées de commode, bronze ciselé.
300. — 1 réchaud à esprit de vin, en cuivre argenté, xviiie siècle.
301. — Grande théière en cuivre à côtes, travail allemand du xviiie siècle.
302. — Un lot de plaques de coffre, xviie siècle.
303. — 3 entrées de meubles, bronze ciselé, xviiie siècle.
304. — 2 pommeaux de pelle et pincettes, bronze ciselé du xviiie siècle.
305. — 1 lot boucles diverses, cuivre, incrustées d'acier, xviiie siècle.
306. — 2 statuettes bas-relief de vierge, fragments de croix processionnelles, xve siècle.
307. — 2 têtes, cariatides, bronze pour consoles, Ier Empire.
308. — 4 sabots à griffes, de surtout de table, Ier Empire.
309. — Une paire vases bronze chinois, forme balustre, au dragon impérial, anses têtes d'éléphants.

310. — 2 flambeaux de tric-trac ; 2 appliques articulées, bronze argenté, 1 lumière.

311. — Une paire bras appliques à deux lumières, branches à torsades, feuilles de laurier, bronze ciselé doré, attribué à Gouthière.
    Proviennent de la succession Beaumarchais.

312. — Une paire de petits flambeaux en cuivre, plaqué d'argent, provenant du mobilier de Beaumarchais.

313. — 1 moutardier à moulures unies, anses contournées, étain du XVIIIe siècle.

314. — Foyère bronze doré, ornements ciselés, époque de l'Empire, provenant des Tuileries.

315. — Statuette bronze «Napoléon Ier». Hauteur 0^{m}35.

316. — Petite statuette « Napoléon Ier » sur socle carré.

317. — Tête de Napoléon Ier, réduction du moulage du Dr Antomarchi.

318. — Buste du premier consul, en fonte de fer, fondu à Dijon par L. Roy.

319. — Aigle de drapeau, bronze ciselé et doré du premier Empire.

320. — Petit dessus de fanion, aigle impérial, époque Empire.

321. — Grand peigne à la girafe, dessins rinceaux ajourés, époque de l'Empire, cuivre doré.

BIJOUX

322. — Bague argent du XVIe siècle, enchâssant une cornaline antique.

323. — 4 bagues argent de diverses époques.

324. — 1 bague argent tête cornaline antique.

325. — 1 bague or cornaline blanche.

326. — 1 bague or, chaton strass.

327. — 1 bague argent chaton cornaline antique.

328. — 1 bague argent camée, tête de femme. — 1 bague argent chaton 4 grenats et 1 perle, XVIIIe siècle.

329. — Bague argent emaillé aigle impérial.

330. — 1 épingle monture or, tête d'Empereur Romain, cornaline antique.

331. — 1 épingle argent, tête d'enfant ivoire sculpté.

332. — 1 épingle tête de mort, ivoire sculpté.

333. — 1 épingle argent tête de jeune fille, camée coquille.

334. — 1 épingle argent doré.

335. — Une paire boucles-d'oreilles pierres fines améthistes, topazes, etc., montées argent.

336. — Trois paires de boucles de souliers, acier, cuivre doré et argent, xviii⁰ siècle.

337. — Un lot de boutons nacre, strass, argent et cuivre doré.

338. — Décoration de confrérie, « la Vierge tenant l'enfant Jésus », bas-relief argent du xvi⁰ siècle.

339. — Six camées divers, laves et coquilles.

340. — 1 paire de grandes boucles d'oreilles strass, monture argent.

341. — 3 colliers ambre et verre. — 1 chapelet grains verts et cornalines blanches.

342. — 1 salière à deux anses ornée de guirlandes de fleurs fin xviii⁰ siècle.

343. — 5 montres en argent de diverses dimensions et époques.

344. — Une boîte de montre cuivre doré, fond émaillé, pastorale genre Boucher.

345. — Une châtelaine cuivre ciselé doré, xviii⁰ siècle.

346. — Autre châtelaine à 5 mousquetons cuivre ciselé doré, xviii⁰ siècle.

347. — 2 châtellaines en acier découpées à jour, xviii⁰ siècle.

348. — Une plaque de ceinturon cuivre ciselé doré enchâssant deux cabochons hyacinthe et en quartz saphirique.

349. — 22 épingles de cravate. Aigle impérial, boutons de manchettes, petite statuette Napoléon 1ᵉʳ.

350. — 6 boutons turquoises et marcassites monture argent.

351. — Un lot de boutons divers argent, cuivre émaillé.

352. — Un lot d'agathes, de strass, cristal de roche, topazes, etc.

353. — Une plaque de cassolette en filigrane d'argent, inscriptions turques, pendants en corail rouge.

354. — 1 collier agates.

355. — 1 collier formé de dents de poissons de la Cafrerie.

356. — Boule en cristal de roche à rafraîchir les mains.

357. — Un collier de corail et un collier de fausses perles.

358. — Collection de boutons Louis XVI, République et Empire.

CRISTAUX ET CÉRAMIQUE

359. — 1 petite statuette saison, l'automne, porcelaine vieux Saxe, xviiie siècle.

360. — 1 petite statuette, porcelaine vieux Saxe, « la Renommée ». (Manquent les bras.)

361. — 1 sucrier à poudre en ancienne faïence blanche de Sceaux, décors, reliefs.

362. — 2 petits bustes de femme en porcelaine, plaques de candélabres.

363. — Une cave à liqueurs en cristal, monté en bronze doré, époque de la Restauration.

364. — 1 sucrier en faïence de Strasbourg, décor bouquets de fleurs.

365. — 1 bol, porcelaine de Chine, craquelée, décor fleurs.

366. — 1 théière, porcelaine de Chine, décor polychrome.

367. — 1 grand sucrier à plateau, porcelaine de Locré, décor bouquets de fleurs.

368. — 1 paire bouquetiers, faïence de Nevers, forme corbeille, semis de fleurettes.

369. — 1 jatte, forme coquille, porcelaine de Sèvres, pâte tendre, décors bouquets de fleurs, xviiie siècle.

370. — Cinq soucoupes et une tasse porcelaine Chine, décors fleurs.

371. — 1 sucrier, porcelaine Chine, décor polychrome, bouton plat.

372. — 1 plat porcelaine italienne d'Urbino décor médaillon et rinceaux sur reliefs, feuilles et fruits.

373. — 1 encrier, grès flamand gris et bleu, xviiie siècle.

374. — 5 couvercles de potiches, porcelaine de Chine et Japon, divers décors.

375. — 2 petites assiettes, porcelaine de Saxe, décor camaïeu violet et or.

376. — 2 petits pots en grès, gris et bleu.

377. — Une grande tasse à thé, décor médaillon fleurs et ornements dorés sur fond bleu, époque de l'Empire.

378. — Un plat, faïence italienne, présentant Lucrèce se poignardant, xvi° siècle.

379. — Groupe biscuit, « la Lanterne Magique », au-dessous la marque de Locre.

380. — Une plaque porcelaine fond blanc, décor vases de fleurs, fin du xviii° siècle.

381. — Une théière, porcelaine du Japon Imari aux trois couleurs, xvii° siècle.

382. — Statuette biscuit, « Pâris tenant la pomme », fin du xviii° siècle.

383. — Pot à eau, faïence italienne de Chaffagiolo, xvi° siècle.
    Petite cassure, a été recollée.

384. — Petit vase de nuit d'enfant en faïence de Nevers.

385. — Présentoir ? en grès de Flandre, représentant un Lion, xvi° siècle.

386. — 6 carreaux et fragments émaillés de différentes provenances, xv° siècle.

387. — 1 pot à tabac en faïence bleu jaspé.

388. — Grande théière, porcelaine de Chine (Canton) décor papillons.

389. — 1 potiche en verre opalin, travail français, fin xviii° siècle.

390. — Colonnette en verre de Venise, fût à torsade coloré, xvii° siècle.

391. — 1 plat en verre de Bohême.

392. { 2 petits modèles de bouteilles, verre blanc côtelé.
      { 2 verres de Venise unis.

393. — 1 vase verre de Venise, 3 boutons dorés.

394. — 2 verres à fruits, pieds annelés vert pâle.

395. — 1 verre de Bohême gravé, rinceaux à bulles dans le pied.

396. — 2 petits verres à pied, taillés et gravés.

397. — 1 plateau cristal de Bohême, xviii° siècle.
398. — 1 grand verre gravé avec chiffre couronné.
399. — 2 flacons à sucre en poudre, cristal taillé de Bohême, xvii° siècle.
400. — 2 flacons huile et vinaigre, verre de Bohême gravé.
401. — 1 sucrier en verre de Bohême, xvii° siècle.
402. — Salières et poivrières en verre de Bohême, sur pieds.
403. — 3 verres à pied forme cornet, Bohême.
404. — 2 verres à pied à filigranes torsades de Venise.
405. — 1 verre à pied de Bohême gravé.
406. — 1 flacon, verre de Venise à filigranes blancs, torsades.
407. — Soupière en porcelaine de Chine, décors, bouquet de fleurs. xviii° siècle.
408. — 1 tasse et sa soucoupe porcelaine de Sèvres, présentant le chiffre de Napoléon Ier, couronne impériale.
409. — 4 petits vases porcelaine pour le fard.
410. Coquetier, faïence de Nevers, décors, dessins bleus. Autre coquetier en faïence de Nevers, sans décors.
411. — Une paire vases faïence, genre Palissy. Une paire petits vases, genre Palissy, décors fleurs.
412. — Une paire vases, porcelaine de Chine, à mandarins. H. 0,62.

BOITES ET COFFRETS

413. Tirelire en fer, serrure à morailllon, travail français du xv° siècle.
414. — Grand coffret de mariage en cuir estampé, doré et gravé, serrure à morailllon et garnitures cuivre doré, xvi° siècle.
415. — Petit coffret en bois recouvert en cuir gravé, serrure à morailllon, garni de fer découpé, xvi° siècle.
416. — Autre petit coffret en forme de malle, ivoire orné d'incrustations à la certosine, xvi° siècle.

417. — Petit coffret en forme de malle, orné d'incrustations à la certosine, serrure à moraillons, poignée, charnière cuivre, xvi⁰ siècle.

418. — Autre petit coffret, couvercle légèrement convexe, en cuir estampé et gravé, du xvi⁰ siècle.

419. — Coffret en forme de malle, décoré de peintures, travail suisse, xvi⁰ siècle.

420. — Coffret en bois recouvert en cuir gaufré et peint, travail italien du xvi⁰ siècle.

421. — Grand coffret, forme de malle, en bois recouvert de cuir ciselé, fond granité, à feuilles d'acanthe, travail français du xvi⁰ siècle.

422. Petit coffret en fer décoré de peintures, serrure incomplète, xvii⁰ siècle.

423. — Coffret en fer, décors peintures, serrure à l'intérieur à 4 pènes, fer gravé, travail flamand du xvii⁰ siècle.

424. — Une boîte rectangulaire en bois de cèdre, incrusté de nacre, représentant Saint Laurent et Saint Sébastien, xvii⁰ siècle.

425. — Petit cabinet à incrustations de bois de couleur, paysages, fleurs et feuillages, 9 tiroirs, travail hollandais du xvii⁰ siècle.

426. — Un coffre de mariage, cuir gaufré et doré avec sa table à 6 colonnettes, torses à filets, xvii⁰ siècle. — H. 1ᵐ ; l. 0ᵐ63.

427. — Petit coffret en forme de malle, cuir gravé et doré, monture en cuivre, xviii⁰ siècle.

428. — Un grand coffret en bois de camphrier, décoré d'ornements peints en noir.

429. — 1 coffret en noyer garni de fer découpé contenant des flacons de pharmacie.

430. — Une boîte en fer, portée par 5 contreforts en fer ciselé du xv⁰ siècle.
Manque le couvercle.

431. — Boîte en bois recouvert en cuir gaufré et doré, à 2 cadenas, xvi⁰ siècle.

432. — 6 boîtes à couverts argenterie, bois recouvert en cuir estampé, semis de fleurs de lys dorées.

433. — Un petit étui de flacon, recouvert en cuir rouge, ornements estampés, dorés, xvii⁰ siècle.

434. — 5 boîtiers de montre galuchat, écaille et cuivre doré, xviiie siècle.

435. — Etui en écaille piquée or, monté or.

436. — Etui vernis Martin, monté or.

437. — Autre étui en nacre sculpté, ajouré sur fond paillon, xviiie siècle.

438. — 4 étuis en ivoire, dessins ajourés, travail français du xviiie siècle.

439. — 2 Ecrins miniatures et 1 étui à dé en galuchat, xviiie siècle.

440. — 1 boîte broderies argent sur fond de satin bleu.

441. — 1 boîte en buis garnie or, cadeau de Napoléon Ier.

442. — Boîte de poirier sculpté, rinceaux de feuillages et oiseaux atelier de Bagard, xviiie siècle.

443. — Boîte ronde, poirier sculpté à grands rinceaux, devise « Je chéris mes liens ». Atelier de Bagard, xviiie siècle.

444. — Râpe à tabac en bois sculpté, avec chiffre et armoiries, atelier de Bagard, xviiie siècle.

445. — 3 boîtes de Boston, vernis Martin et ivoiré, munies de leurs jetons en ivoire, xviiie siècle.

446. — 1 boîte de Boston, décorée de gravures coloriées, fin du xviiie siècle.

447. — 1 boîte en cuir gravé, armoiries et devises, xve siècle.

448. — Petite boîte à reliques, double compartiment, travail français, xviie siècle, en cuivre uni.

449. — Boîte cuivre gravé, travail flamand du xviie siècle.

450. — Poivrier, fruit gravé or, buste de femme du xviiie siècle.

451. — Boîte ovale ivoire, le pourtour orné de centaures et d'amours, le couvercle portant les armes de France, fin du xviie siècle.

452. — Trois étuis pour argenterie en cuir estampé, semis de fleurs de lis, xviie siècle.

452 bis. — Trois écrins cuir, gaufrés dorés, forme de livre.

453. — Petite boîte écaille, garnie d'ornements pâte, recouverte de feuilles d'argent, xviie siècle.

454. — Petit reliquaire en forme de couronne en cuivre ci-

selé orné de nacre et de grenats, travail allemand du xviie siècle.

455. — Petit coffret, forme malle en corne, imitation écaille, xviie siècle.

456. — Boîte de toilette en ivoire, moulure guillochée, poignée cuivre doré, commencement du xviiie siècle.

457. — Tabatière ovale, émail de Saxe, décors à rubans et fleurs à l'intérieur, sur le couvercle des fruits, monture cuivre doré, xviiie siècle.

458. — Tabatière en agate, mosaïque de Florence, monture cuivre doré.

459. — Petite boîte ivoire, médaillon portrait d'enfant, intérieur garni d'écaille, xviiie siècle.

460. — Bonbonnière émail de Saxe fond bleu, dessins en reliefs dorés, monture argent, xviiie siècle.

461. — Boîte en écaille, forme contournée, monture bronze doré ciselé, travail français du xviiie siècle.

462. — 3 petits modèles de meuble porte-cartes. Travail français du xviiie siècle.

463. — 1 bonbonnière couvercle à miniature sur ivoire, cercle en or, xviiie siècle.

464. — Petit flacon à odeur, coco monté argent, xviiie siècle.

465. — 2 grandes boîtes de toilette, vernis Martin, dessins filigranes, or et médaillons, sujets divers, deux boîtes à poudre, vernis Martin, une boîte à bijoux, dessus à pelote ancienne, garniture cuivre doré et petite bonbonnière également en vernis Martin, xviiie siècle.

466. — Une bonbonnière en marqueterie de paille, devise « tout cède à vos mérites », fin du xviiie siècle.

467. — Tabatière ovale, cuivre ciselé doré, xviiie siècle, médaillon, trophée et portique.

468. — Une tabatière à surprises en ébène incrustée d'argent, xviiie siècle.

469. — Une tabatière rectangulaire, cuivre doré guilloché, xviiie siècle.

470. — Une boîte en cuivre représentant le buste de Napoléon Ier, Empereur et Roi.

471. — Petite tabatière en cuivre, chapeau impérial.

472. — Flacon porcelaine de Wedgwood monture or, xviiie siècle.

473. — Navette en galuchat vert du xviiie siècle.

474. — 1 lot de 3 boites trébuchets, balances et 3 séries de poids.

475. — 2 plaques de râpes à tabac.

476. — Deux soufflets à poudrer avec leurs lunettes.

477. — Deux sacs pour jeu de loto Dauphin.

OBJETS CHINOIS

478. — Petit vase en cristal de roche à 8 pans, anses dragons.

479. — Autre petit vase en cristal de roche anses mascarons. Travail chinois du xvie siècle.

480. — Tabatière en cristal de roche fumé, travail chinois du xvie siècle.

481. — 2 cachets cristal de roche, l'un avec le Lion de Fô et l'autre avec le fruit sacré.

482. — Un encrier en cristal de roche formé du fruit sacré, xviie siècle, travail chinois.

483. — Statuette cristal de roche sur pied bois de fer.

484. — Autre statuette d'homme portant un insigne, travail chinois du xvie siècle.

485. — Statuette cristal de roche, « la Longévité », travail chinois du xvie siècle.

486. — Bracelet jade vert, travail chinois du xviie siècle.

487. — Un vase jade fleuri, sculptures dragon impérial, bas-relief, xvie siècle.

488. — Coupe creusée en jade, couvercle sculpté ajouré, monture argent doré. Travail chinois du xvie siècle.

489. — Insigne religieux, présentant fleurs et fruits de Lotus, en jade, travail chinois du xve siècle.

490. — 2 tabatières en pâte de verre chinois, imitation jade.

491. — Vase double en pierre de lare, avec animaux fantastiques, travail chinois du xviie siècle.

492. — Une paire de pitongs (porte-pinceaux) ivoire sculpté, personnages et paysage sur fond ajouré, travail chinois du xviiie siècle.

493. — Boîte à bétel, incrustations de nacre, travail annamite ancien.

494. — Canne bois de fer avec incrustations de nacre, travail annamite.

495. — 1 brûle-parfums, en bronze, médaillon à scènes de personnages, couvercle en bois de fer, bouton en jade. xve siècle.

496. — Une paire cassolettes, brûle-parfums, formes poule et coq, bronzes japonais, xviiie siècle.

497. — Une paire de petits flambeaux bronzes chinois de Canton.

498. — Une paire chandeliers en étain, travail chinois du xviiie siècle.

499. — Lot de chaussures chinoises et de bourses, broderies or algérien.

500. — Encrier porcelaine de Chine à dessins ajourés sans couvercle.

501. — 3 petits ivoires chinois, du xviiie siècle.

502. — Une paire de vases, forme balustre, ivoire sculpté, personnages et feuillages, travail chinois, xixe siècle.

503. — 2 étuis forme d'œuf, émail chinois, mandarin, travail chinois du xviiie siècle.

BRODERIES ET ETOFFES

504. — 4 bourses en velours brodé argent, xviiie siècle.

505. — Toque brodée, travail oriental, fin du xviiie siècle.

506. — Lot de babouches brodées de diverses époques dont une ayant appartenu à Marie-Antoinette.

507. — Un petit carnet couvert broderie en perles de Venise avec inscription.

ANTIQUITÉS

508. — Un lot de 14 fers de flèches, lances, et clous mérovingiens.

509. — 1 plaque de miroir étrusque en bronze gravé à personnages.

510. — Une agrafe en bronze présentant deux animaux fantastiques et une feuille (Gallo-Romain).

511. — Un lot de boucles, crochets et clefs.

512. — Boucles et extrémités de fourreaux.

513. — Un lot de boucles de diverses époques.

514. — 8 bracelets torques et armilles, l'un trouvé à Vesvrotte en 1827.

515. — 5 boucles d'oreilles mérovingiennes ; 5 épingles bronze mérovingiennes.

516. — 12 fibules diverses en bronze, romaines, Gallo-romaines et mérovingiennes
    Sera divisé.

517. — 5 pièces, têtes, ornements et anses, bronze (Gallo-Romains).

518. — 10 pièces, divinités égyptiennes, bronze et grès émaillés.

519. — Un lot d'épingles, d'aiguilles et de pinces (bronzes, Gallo-Romains et mérovingiens).

520. { Lot de 4 pièces, bronze, objets indéterminés.
     { Porte-enseignes (?), Époque Gallo-Romaine.

521. — 2 petites lampes terre cuite, romaine.

522. — Instrument bronze à étendre la cire sur les tablettes.

523. — Divers débris, bronzes Gallo-Romains.

524. — Lot, cuillères, aiguilles et divers instruments en os, époque mérovingienne.

525. — Un lot d'épées de fer, lances, poignards et divers objets, époque mérovingienne.

526. — Lot de 7 bagues ou anneaux, fer et bronze de diverses époques.

527. — 6 boucles avec inscriptions.

528. — 6 bossettes bronze xvie siècle.

529. — Lot, crochets et ornements en cuivre ciselé du xive siècle trouvés dans le cours de Suzon en 1845.

530. — 4 boucles en cuivre de la mère folle.

531. — Un lot crochets divers de diverses époques.

532. — Lot de 6 petites cuillères bronze, trouvées dans la Côte-d'Or.

533. — Divers fragments provenant du tombeau de Jean-sans-Peur recueillis lors de l'exhumation, renfermés dans un cadre cuivre repoussé et doré. Époque Louis XIII.

534. — 2 colliers composés de grains verres et terres cuites émaillées (mérovingiens).
3 colliers verres de couleurs (égyptiens).

535. — 1 collier composé de grains allongés en cornaline.

PIERRES SCULPTÉES

536. — Saint Bernard, statue pierre sculptée école de Bourgogne, xve siècle, haut. 0^{m}80.

537. — Une statue pierre sculptée fauconnier, école de Bourgogne xve siècle; pièce très intéressante, h. 0^{m}80.

538. — Lion sur un socle marbre du Languedoc, fin du xviiie siècle.

PLAQUETTES, MÉDAILLES ET MONNAIES

538 bis. — Une médaille grand module bronze Henri de Bourbon Condé, par Papillon. R/ « Arte et Marte 1632 ».

539. — Un cliché plomb Louis XII et Anne de Bretagne « Duo Corpora Unus animo. — R/ « Louis XII, Anne de Bretagne 1499 ».

540. — 1 plaquette Vierge à l'Enfant Jésus tenant une colombe, bronze doré et peint diverses couleurs.

541. — Médaille en plomb. Maximilien et Marie de Bourgogne.

542 — Deux boutons cuivre étamé représentant Sainte Barbe.

543. — Médaille bronze Henri IV et Marie de Médicis. R/ Propago imperi 1603.

544. — Plaquette, sacrifice d'Abraham.

545. — Plaquette, Job.

546. — Petite paix en cuivre, la Sainte Vierge.

547. — Une pièce Louis XIV arg. Grand module 1691.

548. — Trois pièces argent Louis XVIII des sessions de la Chambre des députés.

549. — Médaille argent Napoléon Ier élu Empereur. Etui galuchat.

550. — Médaille Napoléon Ier. Paix de Lunéville, bronze argenté.

551. — Médaille Napoléon Ier. R/ Tutela Præsens, écrin galuchat.

552. — Médaille bronze, « à l'héroïque Pologne ».

553. — Grand médaillon bronze, Louis-Philippe 1830.

554. — Une médaille, étui, contenant l'histoire du Ier Empire « à la gloire des armées françaises ».

555. — Médaille argent Napoléon III, sans revers.

556. — Cinq plaques bronze, champlevé, armoiries xiiie siècle.

557. — Une plaque de cuivre gravée pour gravure représentant Saint Antoine.

558. — Un petit cachet en fer damasquiné argent à 3 faces unies.

559. — Deux petits cachets en cuivre armoiriés, xviiie siècle.

560. — Lot de 6 cachets et timbres du temps de la République.

561. — 1 cachet armoirié et 3 timbres humides.

562. — Sept cachets divers, République et Empire.

563. — 9 cachets timbres humides aux armes du Ier Empire.

564. — 1 cachet du clos de Vougeot.

565. — Une pièce d'or, Néron. R/ « Jupiter Custos ».

566. — 1 pièce d'or d'Espagne et Navarre.

567. — Quatorze pièces romaines, petits bronzes du Bas-Empire.

568. — Lot de dix éventails en mauvais état.

569. — Ecran à main articulé.

570. — Eventail, monture ivoire sculpté, personnages et dessins rocailles ajourés.

571. — Une monture d'éventail ivoire sculpté et décoré en couleurs.

572. — Un éventail gouache, l'éducation de l'amour, monture ivoire sculpté, personnages et dessins rocailles ajourés.

573. — Un éventail ivoire sculpté chinois.

574. — Un éventail écaille, dessins ajourés.

575. — Un éventail moderne.

576. — Lot d'environ 40 pipes variées écume, porcelaine, dont une ayant appartenu à James Demontry, une autre à Georges Sand, et une autre au général Daumesnil.

    Ce lot sera divisé.

577. Environ 2000 volumes. Livres anciens et modernes, livres de médecine, atlas d'anatomie de Cloquet, gr. in-fol., rel. — Quelques livres et brochures sur la Bourgogne, Courtépée, 4 vol. in-8, rel., — un important et précieux recueil de plans de Dijon en couleurs (manuscrit), contenant en outre un plan très curieux du Château de Dijon avec les coupes superposées des divers étages. — Livres à gravures, histoire, curiosité, hippiatrique, costumes militaires, etc., etc. Reliures en maroquin aux armes de l'empereur Napoléon 1er. — Nombreux cartons de belles gravures et de caricatures en couleurs.

578. — Sous ce numéro seront vendus les objets omis dans ce catalogue.

www.ingramcontent.com/pod-product-compliance
Lightning Source LLC
Chambersburg PA
CBHW060714050426
42451CB00010B/1429